AF592522

3 Avril 1909

COLLECTION

DE MADAME C.

marque PN

32 Tableaux

Esquisses et Aquarelles

PAR

HARPIGNIES

TABLEAUX MODERNES ET AQUARELLES

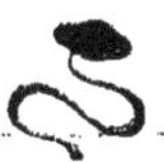

COMMISSAIRE-PRISEUR :

Me André COUTURIER

Successeur de Me TUAL

EXPERT :

M. Henri HARO

IMPRIMERIE JEAN DURAND & CIE
ᴼᴼᴼ 52, RUE DES VINAIGRIERS, - PARIS ᴼᴼᴼ

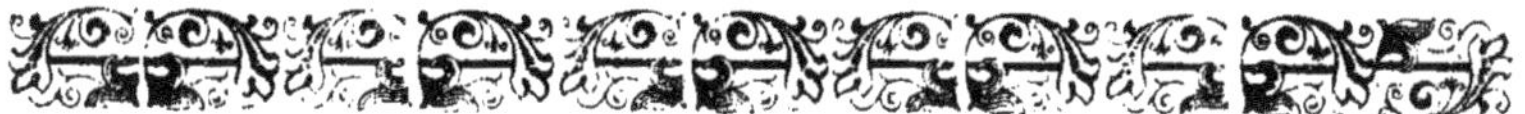

COLLECTION DE MADAME C.

CATALOGUE

de

32 Tableaux

Esquisses & Aquarelles

par

HARPIGNIES

Tableaux Modernes et Aquarelles

DONT LA VENTE AURA LIEU

HOTEL DROUOT, SALLE N° 10

Le Samedi 3 Avril 1909

à deux heures et demie

EXPOSITION PUBLIQUE : le Vendredi 2 Avril 1909

de une heure et demie à cinq heures et demie

Me André COUTURIER
Successeur de Me TUAL
COMMISSAIRE-PRISEUR
56, Rue de la Victoire, 56

M. Henri HARO
PEINTRE-EXPERT
14, Rue Visconti et Rue Bonaparte, 20

CE CATALOGUE SE DISTRIBUE

A PARIS, CHEZ :

Me ANDRÉ COUTURIER	M. HENRI HARO
Successeur de Me TUAL	PEINTRE-EXPERT
COMMISSAIRE-PRISEUR	14, rue Visconti et rue Bonaparte, 20
56, rue de la Victoire	

CONDITIONS DE LA VENTE

Elle sera faite au comptant.

Les adjudicataires payeront *dix pour cent* en sus des enchères.

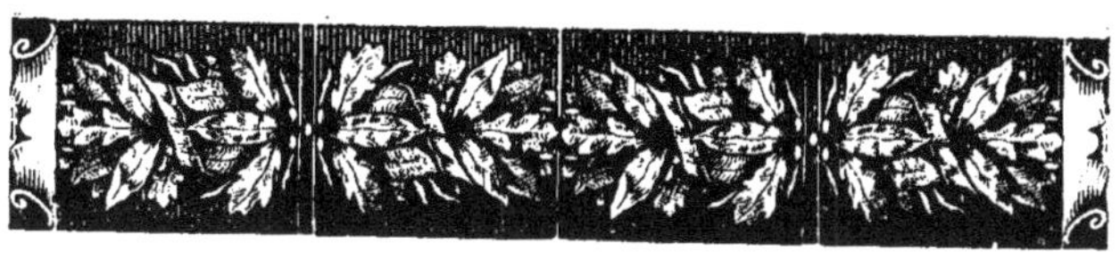

TABLEAUX, ESQUISSES ET AQUARELLES

HARPIGNIES

1 --- ***La route.***

La route ensoleillée où marchent une femme et un enfant est bordée d'une sablière que surmontent les grands arbres du bois ; sur la poussière aux tons chauds et dorés, quelques arbres projettent leurs ombres violacées.

Signé en bas, à gauche et daté 91.

Toile. Haut., 26 cent. ; larg., 37 cent.

HARPIGNIES

2 — ***Le Viaduc ; environs de Causses.***

1.750

Un grand arbre dénudé dresse sa silhouette tordue au bord de la rivière, que cache à demi un premier plan de talus gazonné ; à droite le petit viaduc pittoresque, par-dessus lequel une échancrure, entre deux collines, laisse entrevoir des lointains bleutés.

Signé en bas, à gauche.

Toile. Haut., 44 cent. ; larg., 30 cent.

HARPIGNIES

3 — ***Rochers sous bois.***

750
Félix Allard

Signé en bas, à gauche et daté 75.

Toile. Haut., 22 cent. ; larg., 30 cent.

HARPIGNIES

4 — ***Baden-Baden.***

1.500
Mme Pota

Signé en bas, à gauche, et daté à droite, Baden 1850.

Toile. Haut., 23 cent. ; larg., 30 cent.

HARPIGNIES

5 — ***Le soir.***

Signé en bas, à gauche et daté 83.

Toile. Haut., 16 cent. ; larg., 30 cent.

HARPIGNIES

6 — ***Les chaumières ; effet de soleil couchant.***

Signé en bas, à gauche.

Toile. Haut , 16 cent. ; larg., 22 cent.

HARPIGNIES

7 — ***La ferme.***

Signé en bas, à gauche.

Toile. Haut., 13 cent. ; larg., 33 cent.

HARPIGNIES

8 — ***Les carrières ; effet du matin.***

Sous un ciel d'un bleu sans nuage, les contours de la colline lointaine et des arbres touffus se découpent avec netteté ; près du petit chemin qui grimpe dans les carrières, devant la maison blanche, un arbre jette une note claire.

Signé en bas, à gauche et daté 96.

Toile. Haut., 34 cent. ; larg., 22 cent.

HARPIGNIES

9 — ***Après l'orage.***

Monogrammé en bas, à gauche.

Toile. Haut., 17 cent. ; larg., 24 cent.

HARPIGNIES

10 — ***Les bords de l'étang.***

Signé en bas, à gauche.

Toile. Haut., 12 cent. ; larg., 21 cent.

HARPIGNIES

11 — ***La promenade.***

Sur le chemin se détachent dans l'atmosphère crue d'un ciel d'été, les silhouettes d'une femme et de quelques enfants. En promenade, ils se sont arrêtés devant une villa aux murs roses, à demi noyée dans les arbres qui s'élèvent en pente derrière elle.

Signé en bas, à gauche.

Toile. Haut., 21 cent. ; larg., 31 cent.

HARPIGNIES

12 — ***Le gros chêne.***

Signé en bas, à gauche, et daté 1901.

Toile. Haut., 27 cent. ; larg., 35 cent.

HARPIGNIES

13 — ***L'entrée du village.***

Signé en bas, à gauche.

Toile. Haut., 14 cent. ; larg., 22 cent.

HARPIGNIES

14 — ***L'étang dans la forêt.***

Signé en bas, à gauche.

Toile. Haut., 21 cent. ; larg., 32 cent.

HARPIGNIES

15 — ***Le mamelon.***

Au faîte du mamelon gazonné, apparait la haute tour d'une maison à demi noyée dans un bouquet de verdure ; derrière les arbres qui se silhouettent sur la crête du tertre, courent de longs nuages gris floconneux dont le soleil argente les franges.

Signé en bas, à droite.

Toile. Haut., 15 cent. ; larg., 27 cent.

HARPIGNIES

16 — ***La prairie.***

Signé en bas, à droite, et daté à gauche 61.

Toile. Haut., 19 cent. ; larg , 21 cent.

HARPIGNIES

17 — ***Lisière de forêt.***

Signé en bas, à gauche.

Toile. Haut., 13 cent. ; larg., 23 cent.

HARPIGNIES

18 — ***Au crépuscule.***

Signé en bas, à gauche.

Toile. Haut., 17 cent. ; larg., 24 cent.

HARPIGNIES

19 — ***Les collines***

C'est la note sauvage. Un grand mamelon rocheux et boisé se dresse dans la prairie, où le berger garde ses moutons ; au lointain une chaîne de collines plus élevées, fermant la vallée, se détache sur un ciel argenté.

Signé en bas, à gauche.

Toile. Haut., 17 cent. ; larg., 28 cent.

HARPIGNIES

20 — ***Le promeneur au crépuscule.***

Signé en bas, à droite.

Toile. Haut., 14 cent. ; larg., 24 cent.

HARPIGNIES

21 — ***Le déclin du jour.***

Toile. Haut., 15 cent. ; larg., 29 cent.

Signé en bas, à gauche.

HARPIGNIES

22 — ***Les rochers.***

Au loin, derrière une avancée de rochers à pic, le soleil couchant jette dans la brume du soir ses nuances éclatantes de jaune et d'orangé ; dans la clairière déjà noyée d'ombre, un arbre dresse parmi les herbes sa silhouette tordue.

Signé en bas, à gauche.

Bois. Haut., 14 cent. ; larg., 24 cent.

HARPIGNIES

23 — ***Les pommiers.***

Dans la prairie, à l'ombre d'un pommier, deux paysannes sont assises dans l'herbe ; les feuillages se découpent vigoureusement sur un ciel d'été et découvrent plus loin la petite ferme aux toits bas.

Signé en bas, à gauche, et daté 85.

Aquarelle. Haut., 27 cent. ; larg., 28 cent.

HARPIGNIES

24 — ***Coin de prairie.***

Signé en bas, à gauche, et daté 95.

Aquarelle. Haut., 17 cent. ; larg., 24 cent.

HARPIGNIES

25 — ***Le perron.***

Signé en bas, à gauche.

Aquarelle. Haut., 17 cent. ; larg., 12 cent.

HARPIGNIES

26 — ***Le coteau; Saint-Cenery.***

Sur la crête de la colline un gros arbre au feuillage vaporeux se détache auprès d'un arbuste à la svelte silhouette sur un ciel lointain de soleil couchant.

Signé en bas, à gauche.

Aquarelle. Haut., 15 cent.; larg., 23 cent.

HARPIGNIES

27 — ***Le gros arbre.***

Signé en bas, à gauche, et daté 95.

Lavis. Haut., 9 cent.; larg., 12 cent.

HARPIGNIES

28 — ***Les palmiers.***

Signé en bas, à gauche.

Lavis. Haut., 10 cent.; larg., 6 cent.

HARPIGNIES

29 — ***Le château.***

Signé en bas, à gauche, et daté 1892.

Aquarelle. Haut., 11 cent. ; larg., 16 cent.

HARPIGNIES

30 — ***Clair de lune.***

Signé en bas, à gauche, et daté 94.

Aquarelle. Haut., 7 cent. ; larg., 13 cent.

HARPIGNIES

31 — ***Temps gris.***

Signé au milieu et daté 94.

Sepia. Haut., 4 cent. ; larg., 7 cent.

HARPIGNIES

32 — ***Rochers au bord de la mer.***

Signé en bas, à droite.

Lavis. Haut., 6 cent. 1/2 ; larg., 10 cent.

Tableaux Modernes

et

Aquarelles

TABLEAUX MODERNES & AQUARELLES

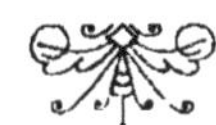

BARTHALET

33 — ***Gordes (Vaucluse).***

Signé en bas, à droite.

Bois. Haut., 31 cent. ; larg., 41 cent.

BERTHIER (P.)

34 — ***Coin de l'étang à Cenery.***

Signé en bas, à droite.

Bois. Haut., 23 cent. ; larg., 32 cent.

BROUILLET (A.)

35 — ***Le talus.***

Signé en bas, à gauche et daté 1884.

Bois. Haut., 45 cent. ; larg., 32 cent.

BROUILLET (André)

36 — ***Maisons au bord de l'eau.***

Carton. Haut., 12 cent. ; larg., 22 cent.

FATH (René)

37 — ***Le jardin du cloître.***

Signé en bas, à gauche.

Aquarelle. Haut., 49 cent. ; larg., 65 cent.

FATH (René)

38 — ***Le mur de clôture.***

Un long mur garni de feuillages sépare du chemin la propriété aux hautes futaies se détachant sur un ciel clair.

Signé en bas, à droite.

Aquarelle. Haut., 25 cent. ; larg., 35 cent.

FATH (René)

39 — ***L'étang.***

Signé en bas, à gauche.

Bois. Haut., 31 cent. ; larg. 37 cent.

LASAR

40 — ***Bord de rivière.***

Un sentier dans le gazon suit la rivière qui coule calme en une courbe régulière, reflétant un ciel d'un vert pâle ; sur la berge, une paysanne chargée d'un panier se rend aux premières maisons du village.

Signé au milieu, en bas.

Aquarelle. Haut., 8 cent. ; larg., 12 cent.

LEFORTIER

41 — ***Vaches au pâturage.***

Toile. Haut., 37 cent. ; larg., 24 cent.

Signé en bas, à droite.

MONCHABLON

42 — ***Lisière de forêt.***

Signé en bas, à droite.

Toile. Haut., 35 cent. ; larg., 26 cent.

SAIN (P.)

43 — ***La Vanne.***

Signé en bas, à gauche.

Toile. Haut., 32 cent. ; larg., 45 cent.

SAIN (P.)

44 — ***Statue de Henri VI au Pont-Neuf.***

Bois. Haut., 18 cent. ; larg., 27 cent.

SAIN (Paul)

45 — ***Sur la berge ; vue de Paris.***

Bois. Haut., 18 cent. ; larg., 27 cent.

46 — ***Sous ce numéro seront vendus les Tableaux et Aquarelles non catalogués.***

www.ingramcontent.com/pod-product-compliance
Ingram Content Group UK Ltd.
Pitfield, Milton Keynes, MK11 3LW, UK
UKHW020538180726
13839UKWH00006B/2581